Vi la "LUZ"

otro testimonio

Ektor Melendez

0.1

Mas que una dedicatoria, o una introducción, quiero
darle las gracias a Dios, por existir, y por su amor, que a
veces parece inexplicable.
Mi padre y madre fueron un conducto, siempre lo somos,
pero los progenitores no creamos ni los espermatozoides
ni los óvulos. No se si existe un destino que determine
quienes serán tus padres, tus hermanos, tus familiares,
etc. etc. pero se que existe un creador.

Estas palabras las escribo al final, después de haber
narrado los hechos, ¿Qué puedo decir? Si todo está dicho
ya.

Gracias a todas las personas que de una u otra manera
me han ayudado en mi caminar por este mundo, incluso
los que han sido obstáculos, a los que me han inspirado
también. Pero sobre todo le doy las gracias a Jesús
Cristo, por habernos salvado, al darnos la oportunidad
de volver a ser de nuevo considerados hijos de Dios. Y
gracias a Dios Padre, por todo. Y al Espíritu Santo, que
nos acompaña y protege.

0.2.

Vaya tarea que vino a mi mente, después de 35 años, aproximadamente. Ni siquiera podía pensar en como empezar, pero siempre se tiene que dar el primer paso, y en este caso significó levantarme de la cama casi a la media noche, poner la laptop en el escritorio, encenderla, prepararme un café, y empezar a escribir. El título, subtítulo, autor (que vergüenza), y escribir el número uno en la siguiente página.
No se si uno, como persona, tiende al orden, o es algo que nos inculcan, lo cierto es que es algo útil.

Les decía que ya estaba acostado, después de orar un Padrenuestro y pedir por mis seres queridos, fallecidos y vivos, y por algunos que tal vez aún no conocía, familia futura; y por otros no tan queridos, pero que según yo, el gran juez del mundo, necesitaban de la ayuda de Dios.
No somos quienes para juzgar, pero lo hacemos, y debemos de perdonar ¿como queremos el perdón de Dios si no podemos perdonar ofensas menores que hemos recibido? Es difícil, muy difícil, pero aunque yo no perdone cosas insignificantes, al menos pido por esas personas que me han ofendido, porque creo que están peor que yo, y necesitan mas ayuda, y no cuesta tanto pedir por otras personas.

Dice en la Biblia que si le pides a Dios Padre en nombre de su hijo Jesús, te concede lo que le pidas. Supongo que aquí también aplica lo de tener Fe.

Seguido le pido milagros, y me los concede, aunque un poco después de lo que yo espero.

Nuestra mente humana nunca va a poder entender la mente de Dios, nuestra mente sería algo muy pero muy inferior a la mente de una hormiga, si queremos imaginarnos alguna comparación con la mente de Dios. ¿Qué va a saber la hormiga de Facebook, Instagram, Twitter, o Tik-Tok? Ja, ja,ja, espero que algunos entiendan mi sarcasmo.

Es muy fácil desviarse de los propósitos, metas, o simplemente de los deberes y obligaciones; cualquier pequeña distracción atrapa nuestros pensamientos. No se diga si hay sentimientos de por medio.

Soy un pecador, no como tantos, porque siempre nos consideramos seres únicos, y muy talentosos. A veces nos sentimos orgullosos de las formas ingeniosas en las que pecamos, y lo platicamos a los cuatro vientos, sin fijarnos en lo que dice los Salmos del sabio Salomón.

Pero ¿Cómo que muy sabio? Si tenía mil mujeres, y por lo tanto cerca de mil suegras. Y mujeres "extranjeras" lo hicieron pecar, porque ellas adoraban a ídolos, y ya saben, a veces por no tener que discutir, bla, bla, bla. Las mujeres, pero la culpa es por lo regular nuestra, como en el caso del Rey David, padre de Salomón, que se enamoró de una mujer casada, y siglos después muchos hemos cantado "Por una mujer casada me dicen que he de morir, mentiras no me hacen nada si ella me quiere seguir". Pues David mandó que pusieran al esposo al frente en una batalla, y obviamente lo mataron. David se llevó a la esposa a vivir con él y tuvieron un hijo, al cual Dios mató. ¿Crueldad? No creo, mas bien es una lección, de que no hay que pecar, y que esta vida no es la mas importante que existe. Y que la sabiduría y la inteligencia no son suficientes.

Dice una historia que Zeus se enamoró de una mujer, pero ella estaba muy enamorada de su esposo, y no le hizo caso a Zeus, así que Zeus tomó la forma del esposo de la mujer, y se acostó con ella, mañoso ese Zeus.

En el Antiguo Testamento hay muchas historias que se repiten y repiten: el pueblo hebreo hace enojar a Dios, recibe castigo, aparecen algunos que se arrepienten, y Dios los perdona.

Hay veces en que pienso en como son (somos) muchos humanos, y creo que cada vez es mas urgente el regreso de Jesús, ya que no habrá otro diluvio.

No soy religioso, pero creo en Dios, no porque me lo hayan inculcado, mi familia es católica, apostólica, y romana o mejor dicho mexicana, la mayoría, pero como la mayoría de los católicos, no leemos la Biblia. Yo a veces la leo, luego la dejo de leer durante largos períodos de tiempo.

No se cual es el propósito de escribir todo esto, les decía que ya estaba acostado, sabiendo que Dios me escucha, y apareció en mi mente la siguiente pregunta "¿Por qué no has escrito nada aún de esa experiencia?".

Supongo que se refería a escribir con seriedad, dejando a un lado la ficción, porque ya he escrito acerca de esa experiencia que supongo la gran mayoría no conocen, pero han escuchado hablar de eso, y que muchos se burlan, sobre todo cuando alguien corrige su camino, diciendo "¿qué, ya viste la Luz?".

Otros dicen ¿Cómo voy a creer en Dios, si nunca lo he visto? Pero creen en el Covid y nunca lo han visto, como tantas otras cosas.

Pero basta con ver todo lo que existe y pensar un poquito, no creo que sea demasiado trabajo, o algo ilógico. Es increíble la perfección que existe, a nivel microscópico y macroscópico. Los átomos y las galaxias. El cuerpo humano, sus componentes, de donde se desarrolla un cuerpo, a partir de un óvulo y un espermatozoide, o varios en los casos de gemelos, triates, y etcéteras. El ADN. O como el cuerpo lucha constantemente por mantenerse sano, vivo, los glóbulos blancos, los anticuerpos. Como funcionan nuestros sentidos, cada órgano, los ojos, el oído, y los demás que muchos saben ni como se llaman. Y la existencia del Amor. Todo eso no es posible que se haya creado solo. Es como imaginar que si ponemos en una caja un montón de letras, y regresamos después de un tiempo vamos a encontrar un libro escrito, o un poema.
Pero nos creemos muy inteligentes, algunos por saber

leer, otros por saber hacer derivadas e integrales (aunque no sepan hacer tortillas de harina, integrales claro), otros por poder engañar a otros, otros por ganar dinero, otros por tener ciertos lujos, como no tener que andar a pie, o en un autobús, o en el metro, o trabajar como burros todo el año para poder ir una o dos semanas a una playa, e inundar las redes sociales con fotos que presuman eso.

Somos Super Inteligentes, pero nos lavan el cerebro, o mejor dicho: nos lo ensucian. Y vamos por la vida dando tumbos, y si tenemos suerte de llegar a viejos, decimos: hay que vivir con plenitud, porque la vida es corta.

2.
Les decía que soy un pecador, desde niño. Una mujer me ponía en medio de sus piernas, al principio ¡que miedo! Viendo esa tarántula, eso es broma.
Estaba en un club de fumadores, nos juntábamos en una casa abandonada, fumábamos y veíamos revistas de Playboy, le acariciaba el trasero a una mujer de veinte años, y estaba en la escuela primaria.

Ya en secundaria una ex monja me acercaba sus pechos, me atraían las mujeres mayores, hasta que yo era mayor, entonces fue al revés, me atraían las jovencitas.

Pero no todo lo que hice fueron cosas malas, tuve la oportunidad de quitarle la virginidad a varias jovencitas, pero no lo hice, incluso dormí con varias de ellas, abrazados, pude haberme aprovechado, pero las respeté, algo muy difícil, porque los hombres somos medio brutos y medio, y fácilmente nos dejamos dominar por el instinto. Y lo hice porque sabía que para ellas era muy importante, y no pensaba casarme con ellas. Una de ellas, a quien tuve desnuda entre mis brazos, tenía un padre de esos a la antigua, a una prima de ella la habían casado a la fuerza, a punta de rifle llevaron al novio a la iglesia, y al registro civil.

He pecado mucho, de pensamiento, obra y omisión. Después de una decepción amorosa, hice sufrir a muchas mujeres, supongo que sin darme cuenta, hasta que un día me sentí sabio, y lo reconocí, pero no me corregí, a pesar de ser feo buscaba maneras de enamorarlas, me ayudaba el hecho de que todos tenemos un poco de poeta y loco.

Muchos hombres presumen sus conquistas, como si no hubiera tantas mujeres por todos lados, y por lo general ellas son quienes eligen a los hombres, y no al revés. Y contamos historias como si se tratara de grandes proezas, o cosas increíbles, como "bailé con una venusina, tenía senos enfrente y en la espalda, tenía nalgas atrás y adelante" supongo que de una historia como esa se inventó el baile de perreo.

He escrito mas de treinta libros, algunos de poemas, otros de pura ficción, y otros con mezcla de ficción y realidad. Pero todo esto que estoy escribiendo es verdad, según mi memoria.

He tenido amigos muy inteligentes, aunque yo soy mal amigo, pongo el pretexto de ser un lobo solitario, o estepario (Herman Hesse).

He tenido mucha suerte, he sido bendecido muchas veces, Dios ha salvado mi vida varias veces, a pesar de no merecerlo, Dios me ama.

He leído algunos libros, me gusta leer la Biblia, aunque lo hago sin ningún orden.
Por lo regular recuerdo sueños todos los días, pero no los puedo interpretar, como Pistorius.

Escribo demasiado, mis pensamientos brincan como chapulines descontrolados, a veces enloquecidos, me distraigo fácilmente.

Me gusta leer a Borges, a Bukowski, a Rey Emmanue Andújar, a Carlos Rodríguez (y que me explicara el origen de sus poemas, y jugar ajedrez mientras bebíamos vino tinto, descanse en paz), me gustaba leer a Hesse, a Nietzsche, a Freud, a Cortázar, a Paz, a Hemingway, (Crimen y Castigo) Dostoevsky, Kafka, y otros, y eso que no me gustaba leer a famosos.

Me gusta escuchar a Serrat, a Silvio Rodríguez, a Sanz, a Mozart, a Stravinsky, a Bach (excepto fugas), a Pavarotti, a Vicente Fernández, a Antonio Aguilar con tambora, a Emmanuel, Luis Miguel, y a otros.

Me gustan las películas como la de The hairdresser husband, la Naranja Mecánica, Amadeus, Farinelli, La Ley de Herodes, Gladiador, Ahí está el detalle, de Chaplin, En busca de la felicidad, Citizen Kane, y el Ceto Mar, entre otras.

Las series de Breaking Bad, Dexter, Haters Back Off,

Narcos México, Jessica Jones, y otras.

Bueno, ya basta de tantos brincos, con el suelo tan parejo, creo que es hora de ir al meollo del asunto.

3.
En aquel tiempo estaba en la escuela preparatoria. En Ciudad Delicias, Chihuahua, Méxicalpan de las Tunas, es decir en México. Me dormía en un cuarto en un segundo piso, vivíamos en la casa de mi abuela, Avenida Agricultura Sur 706, ella y mi tía se habían ido a vivir a Ciudad Juárez.

Una noche de verano, de pronto me desperté, sentí que batallaba para respirar, sentía como si hubiera una neblina en el aire, y frío, mucho frío, se me enchinaba la piel, o como dicen algunos se me ponía la piel de gallina, y sentí mucho miedo. Serían un poco después de las doce, supongo, y me salí a caminar a la calle. Ya regresé cuando me sentí cansado, y pude dormir.

Eso me pasó dos o tres veces, luego me fui un semestre a estudiar a Ciudad Juárez, y ya no se volvió a repetir eso, así que ya ni me acordaba. Caso Cerrado, aunque eso no era algo como para la "señorita" Laura, ni para el Cazafantasmas, Carlos Charlatanes, o no se como se llame, y que le tuvo miedo al viejito de Alfredo Adame.

Luego me fui a Monterrey, y me llevé un colchón de Delicias, que era en el que dormía yo cuando vivía en esa hermosa y bien planeada ciudad, al menos en sus inicios.

Estando en Monterrey me volvió a suceder lo mismo, batallar para respirar, una especie de neblina que me rodeaba, el miedo, salir a caminar en la madrugada, etc. etc., sucedió un par de veces.

En una de esas, un perro negro se puso en medio de la calle, gruñendo, se le miraban los ojos rojos, listo para atacarme, me detuve y lo miré, los perros me dan miedo, desde que un perrillo pequeñito me mordió una pantorrilla, pero este perro estaba grande, no como un San Bernardo, pero sí como para buscar una escopeta o salir corriendo. Nos miramos, la adrenalina me hizo sentir que yo era un superhéroe, americano, porque en México lo mas cercano era El Chapulín Colorado, o los Hermanos Almada, así que apreté los puños y seguí caminando, pasé junto al perro, listo para pelear por mi vida, pero el perro se quedó quieto.

Me acosté y me quedé dormido.

4.

Años después escuché a una tía, en paz descanse, platicar algo que le sucedió, y que corroboró mi abuelita Adela, en paz descanse también. Nunca he conocido a nadie, aparte de mi Abue, que sea muy querido o querida por todos los o las que la conocen. Era puro Amor, pura alegría, puro corazón. Mantenía a toda la familia unida.

Mi tía había empezado a llevar fayuca de Ciudad Juárez a Delicias, fayuca son productos extranjeros cruzados clandestinamente, o sea de manera ilegal, a veces dando "mordida" a agentes aduanales. Y decía que a veces, al ir manejando por la carretera, le daban ganas de irse hacia un barranco.
En una ocasión no se pudo contener, pero una pequeña protección la salvó de despeñarse, pero el accidente estuvo algo grave.

Después de eso, una noche de otoño, bueno eso de la estación puede ser invento, se los advierto, mi abuela puso una yerbas encendidas en una olla de peltre, echaban mucho humo, en un cuarto, junto a la puerta que comunicaba con el comedor, y luego desde el comedor cerró dicha puerta, yo estaba viendo todo eso, y en cuanto cerró la puerta se escuchó que la olla se deslizó por el piso y chocó con otra puerta, que conducía al segundo piso, abrió la puerta y en efecto, vimos que la olla estaba junto a la otra puerta, fue algo impactante, ya que no había nadie en ese cuarto.

Luego contó mi tía que en una ocasión en que estaba durmiendo en el cuarto del segundo piso de la casa de mi abuela, despertó y vio a un pájaro negro afuera de a casa, al otro lado de la ventana, tocando fuertemente con el pico...

Cuando estaba escribiendo lo anterior, sentí un poco de miedo, que poco a poco fue aumentando, parecido al que sentía en aquellas ocasiones, la piel se me enchinó, sentí frío, y paré de escribir. Me puse a leer la Biblia, la abrí al azar y leí cuando David le perdonó la vida a Saúl, dos veces. La sensación desapareció, y me dormí.

Al día siguiente continué escribiendo. Y aprovechando este paréntesis, les voy a platicar algo que ocurrió en mi casa, muchos años después. Durante algunas noches mi hija entraba a la recámara mía y de mi esposa, diciendo que tenía miedo, se acostaba con nosotros.
En una de esas veces le dije que se acostara y yo me fui a su cuarto, al entrar tuve una sensación parecida, miedo, frío, etc. me sentía muy cansado y con mucho sueño, así que me acosté en la cama de mi hija, boca abajo, y sentí que unas manos me presionaban en la espalda, muy fuerte, como si trataran de hundirme en el colchón, me levanté y no había nadie en el cuarto, entonces tomé una Biblia y me puse a leer, la sensación desapareció. Me puse a orar.

Les decía que mi tía dijo que el pájaro negro tocaba fuertemente con el pico en la ventana, y se reía, "ya sé que eso es algo que no tiene sentido, difícil hasta de imaginar o de creer, pero el pájaro se estaba riendo a carcajadas" - dijo mi tía – entonces no recuerdo que pasó, lo siguiente que recuerdo es que estaba yo parada, con un pedazo de persiana en la mano, y sangre salía de una de mis muñecas, de mi mano izquierda.

Cuenta mi abuela que ella escuchó mucho ruido en la recámara de mi tía, y subió con una escoba en la mano, y vio un pájaro negro volando dentro del cuarto, entonces le lanzó golpes y le gritó malas palabras, algo como "lárgate hijo de tu pinche madre, lárgate a la chingada" o algo parecido, mi abuela no decía malas palabras, en aquel tiempo. Y de pronto el pájaro se desapareció, y mi abuela le curó la herida a mi tía y le puso una venda. Entonces decidieron ir con Don León.

5.
Cuentan que algunos años antes, un tío de pronto se ponía como loco. Lo llevaron con varios psicólogos. Mi tío era un gran deportista, y lo iban a llevar a una competencia nacional de atletismo, el psicólogo que lo estaba atendiendo les dijo que sería algo bueno que fuera. No se que habrá hecho allá, pero dicen que lo regresaron.

Estas son algunas de las cosas que hizo, él estaba estudiando la Preparatoria en aquel tiempo:
Colgó de una rama, alta, de un árbol, a mi hermano y a un primo, que estaban pequeñitos, se soltaron llorando y alguien los escuchó y los bajó.
Llevaba a prostitutas a bailes y las presentaba como sus novias y/o prometidas.
Por poco y convence a un amigo de que se fuera a estudiar a un seminario.
Iba a predicar a las cantinas y a los prostíbulos, diciéndole a la gente que dejara de pecar, que ya no tomaran, que regresaran al camino del bien.
En una ocasión le iban a dar un crédito para un automóvil nuevo, porque la persona de la agencia conocía a mi abuelo.
Se cortó el pelo estilo mohicano, y dijo que después se iba a poner de moda, y muchos años después fue cierto.

Hay cosas que no platican, pero dicen que lo llevaron con muchos psicólogos, incluso estuvo internado en La Castañeda, en la ciudad de México, y le dieron electroshocks.

Al final les dijeron que no tenía remedio, que tenían que internarlo en un manicomio. Entonces mi abuelo tomó la decisión de llevarlo con Don León, un curandero. Mi abuelo no creía en la brujería, pero era la última esperanza.

Don León les dijo que le habían hecho un trabajo, que le habían enviado unas cartas, que si querían les podía decir quien había pagado por el trabajo.
Una exnovia que se quería casar con él le mandaba

cartas con perfume, o con talco, ya no recuerdo, pero que al olerlas se puso así.
Don León vivía en una casita muy humilde, tenía un ranchito cerca de Las Varas, les dijo que mi tía Chayo y mi tío Raúl tenían aptitudes para ser curanderos, que si querían él les podía enseñar, pero no quisieron. Don León lo curó.

Pero al parecer uno de los efectos secundarios era que se hacían bien pedotes (borrachos).
Mi tío, una vez que terminó de estudiar la preparatoria y la universidad, y empezó a trabajar, tomaba mucho, a veces Viernes, Sábado y Domingo, se perdía.
No se si se vaya a enojar si lee esto, pero ni modo, es parte de la historia, todos tenemos historias que puede que nos avergüencen, o no, si somos como yo de desvergonzados.

En una ocasión estaba pisteando (bebiendo licor, maldito veneno) en Meoqui, y en lugar de irse a Delicias se fue para Chihuahua, se quedó dormido en un semáforo, ya en Chihuahua, lo detuvieron y e quitaron el carro. Le llamó a mi abuelo para que fuera por él, y fue a esperarlo a la Central Camionera. Cuando llegó mi abuelo, mi tío todavía andaba pedo (ebrio) y le dijo muy contento "Jefe, pero qué milagro ¿qué anda haciendo por acá?".

En otra ocasión un primo fue a jugar futbol a Camargo, y no encontraban a mi tío, de pronto vio el carro de mi tío, un bocho, y le hizo señas al conductor, el cual se detuvo. "Oiga, este carro es de mi tío, vive en Delicias, y lo andamos buscando, pero no lo podemos encontrar" – le dijo mi primo.
"Ah, pues que bueno, venga conmigo" – le dijo el señor, y fueron a la casa de ese señor, mi tío estaba dormido en una cama – "mire, este señor llegó en la madrugada y se acostó ahí, no podemos despertarlo, y me salí a la calle a ver si alguien reconocía el carro".

Después dejó de tomar, ya tiene como mas de 30 años sin tomar, pero tuvo otro efecto secundario, se hizo muy codo (tacaño), pero eso también disminuyó con el tiempo.

Algo parecido le pasó a un hermano, cuando dejó de tomar, después de ser apodado El Resumidero, se hizo muy codote, pero también le fue disminuyendo con el tiempo. Lleva como 23 años sin tomar. Ahora se la pasa viajando a torneos de futbol de veteranos, por toda la república. Espero que tampoco se vaya a enojar.

6.
Siguió contado mi tía:
Tenía que ir con Don León los Domingos, a las doce de la noche, pero hubo un Domingo en que estaba con mis amigas, muy a gusto en una carne asada, ya eran casi las doce, y dije "hoy no voy a ir", estaba yo sentada y en eso sentí que alguien me jalaba muy fuerte de los cabellos, me volteé y no había nadie, a madre me fui a ver a Don León.

Un día me dijo "ya estás curada, ¿quieres saber quien pagó para que te hicieran el mal?" y le dije que sí.
Me dijo - "agarra este vaso y llénalo de agua" - el vaso era de vidrio - "y pon una fotografía tuya aquí, y pon el vaso encima de la foto y mira a través del agua" – lo hice, y veía la cara de una amiga mía, entonces tiré el agua e hice lo mismo, dos o tres veces, y ahí estaba, la cara de mi amiga.

Tiempo después le dije a mi amiga, y me dijo que sí, que lo había hecho por envidia, porque yo estaba ganando mucho dinero con la fayuca. Me dijo que si no le tenía odio o coraje, le dije que no, que cada quien tendrá que pagar tarde o temprano por todo lo que hace.

Y el efecto secundario, otra vez se repetió, se hizo muy pedota, pero muy alegre, y siempre ayudaba a cualquier persona que le pidiera un favor.

Una vez le habló un primo "ven por mí, estoy en la cárcel de piedra", y fue por él, y cuando salió dijo el primo "está bien gacho, ni siquiera tienen camas".

Mi tía nos prestaba su blazer convertible, y después su carro del año, era bien buena onda.

En la familia somos muy borrachos, les voy a contar otra historia de otro primo. Andaba con sus amigos tomando, chocó con una banqueta y se le poncharon dos o tres llantas, dejó la camioneta en un taller y llegó a su casa en un taxi. Le dijo mi tío – "¿y la camioneta? – y le contestó mi primo – "la dejé en un taller" – y le dice mi tío "estás loco, vamos a recogerla", y se suben al carro de mi tío:

- ¿para donde le doy?
- derecho, luego vuelta a la derecha en la primera calle – le dice el primo, esa calle topaba, tenían que dar vuelta de nuevo a la derecha.
- ¿y ahora? – le pregunta mi tío, su hijo va con los ojos cerrados, casi dormido, abre los ojos y le dice:
- a la derecha – y mi tío le hace caso – otra vez a la derecha – le dice mi primo - Aquí mero vivo compa, muchas gracias por el raite, hasta mañana – mi tío, resignado, entró con mi primo a su casa.

Cuando mi tía contó la historia del pájaro negro se me vino a la mente que yo me había llevado ese colchón en el que ella dormía a Monterrey, y le conté mi historia. De las veces que había tenido esas sensaciones de que algo diabólico me rodeaba.

7.
Mi compañero de cuarto era Sergio Pérez, no crean que el piloto de Fórmula Uno, que por cierto me cae mal que su trabajo sea impedir a otro conductor que lo rebase, para que gane su compañero. Y que sea elegido principalmente por el patrocinio que consigue con Carlos Slim, pero en fin, eso no importa.

Sergio, mi amigo, es muy buena persona, y muy inteligente, y aunque practique el ciclismo con una bicicleta sin asiento, como Jaimito Pérez, que no es familiar de él, creo, hemos compartido muchas historias, tal vez les cuente alguna de ellas, pero hubo una que es la mas importante.

Él tenía un problema en la espalda, y una noche en que estábamos acostados, ambos boca arriba, nuestras camas estaban colocadas en forma paralela, cada una pegada a una pared.

Me dijo que si podíamos cambiar de cama, para ver si podía descansar su espalda. Intercambiamos de cama, y nos volvimos a acostar, ambos boca arriba.
Entonces aquella sensación se volvió a aparecer, frío, y como si una neblina estuviera en el cuarto, y me dice: "estoy empezando a sentir miedo, como que batallo para respirar".
"yo también" – le digo – "y frío".
"vamos a cantar canciones de la iglesia" – me dice.
"pues empieza tú, yo trataré de seguirte, no me se

muchas" – yo casi no iba a la iglesia, había hecho la primera comunión hasta que estuve en la escuela preparatoria.

Y empezó a cantar, y yo solo me sabía algunas partes de las canciones.
"Alabaré, alabaré, alabaré a mi señor…"
"Cristo rompe las cadenas, las cadenas del pecado…"
"En la arena, he dejado mi barca, junto a ti buscaré otro mar…", y otras que ahora no recuerdo.

La voz de mi amigo era temblorosa, desafinada, lo cual era raro, ya que canta bien.

Entonces, de pronto se empezó a escuchar otra voz, no se si salía de la garganta de mi amigo, o si venía de todos lados, pero era una voz muy hermosa, mucho mejor que la de Pavarotti, y se escuchaba muy fuerte.

Y después de eso, una especie de Luz, y digo especie de Luz porque nunca he visto algo semejante, a pesar de que tenía los ojos cerrados, no existen palabras para describirla, se fue acercando, como que venía de muy lejos, y de pronto iluminó todo, como si hubiera sido una explosión atómica, no se como describir eso que estaba viendo, y sentí un AMOR demasiado grande, y una PAZ, que tampoco existen palabras para describirlo, nunca había sentido algo parecido; el amor, la paz, la alegría, la felicidad, llenaba todo, entonces abrí los ojos y me arrodillé, las lágrimas salían de mis ojos como si fueran llaves de agua, y mientras me iba bajando de la cama para arrodillarme vi que mi amigo estaba haciendo exactamente lo mismo, como si fuera un espejo, se estaba arrodillando al mismo tiempo que yo, y sus ojos también con las lágrimas corriendo por su cara, y sonreímos, y nos pusimos a rezar.

Poco a poco la calma regresó.

"Era Dios" – me dijo.
"Sí, era Dios" – le contesté.

Y en otra recámara estaba un compañero que creo que
era ateo, creo que estaba haciendo una tarea para la
escuela. Y fue muy contento mi amigo y le dijo:
"Dios estuvo aquí" y Lalo le dijo algo así como "¿Pues de
cual fumaron?". Yo no dije nada.

He contado esta historia a varias personas, creo que solo
el buen Mike, Miguel González, y su esposa me creyeron,
se me llenaron los ojos de lágrimas al recordar esos
momentos.
Ellos ya habían escuchado testimonios parecidos, pues
dijeron que les llamaba la atención el escuchar lo de "no
hay palabras para describirlo". Ellos son padres de un
amigo de mi hijo, y acuden a la iglesia El Olivo, en
Ciudad Juárez. Mike me cae muy bien, anduvo algún
tiempo en el "Mundo Mundial", como yo, pero ya ha
corregido su rumbo, en cambio yo… bueno creo que un
poco, pero no como debiera.

Creo que Dios nos habla todo el tiempo, pero no lo
escuchamos. Nos regala un atardecer cada día que es
una obra de arte. Nos da la vida, alegrías, y las tristezas
nosotros mismos nos las ganamos, pero siempre está
listo y dispuesto a ayudarnos.

Los pastores que gritan me caen mal, les hace falta
humildad, creo que se creen superiores a los feligreses,
creen que con gritos van a corregir a la gente, como si
fueran pequeños ogros, los feligreses.

Me gusta la manera en que predica Richards, pastor de
El Olivo, y como ayudan a los pobres, a los tarahumaras.
También me gusta como predica mi hermano David, en
su pequeña Primera Iglesia Bautista de Round Rock, TX.

Las religiones tienen buenas intenciones, pero muchas
veces los religiosos se creen santos, poderosos, y son un
estorbo para la gente que cree en ellos, no hay que creer
en los pastores, hay que creer en Dios, y tratar de no
alejarnos de él, o de ellos tres, sino todo lo contrario.

Amén.

8.
Algunas notas personales:

Después de salir de la escuela, regresé a Juárez, donde trabajé como Ingeniero de Sistemas, luego en El Paso, TX. Después trabajé en Nueva York, allá conocí al poeta Carlos Rodríguez y al escritor y performer Rey E. Andújar. Carlos y yo nos hicimos grandes amigos, también con Rey, pero con él no conviví tanto.

Me fui a California, y regresé a El Paso. Luego regresé a Nueva York, pero mis hijos se enfermaban por el frío, y regresamos a El Paso.

Después trabajé en San Antonio, El Paso/Juárez, y Round Rock (enseguida de Austin).

He viajado un poco, a Orlando, Seattle, Miami, Houston, Las Vegas, Phoenix, Canadá, y a algunas playas de México. No he ido hacia el sur de México, ni mas allá de esa frontera, ni a Cancún, ni a Europa (solo en la mente).

A pesar de ser feo y panzón, he tenido aventuras con mujeres muy hermosas, atractivas, e inteligentes, pero eso no debe de enorgullecer a nadie. Muchas historias, que bien podrían ser histerias. Les pido perdón a todas.

He ganado algunos campeonatos locales de futbol, y he quedado algunas veces campeón goleador, todo con la ayuda de Dios, y de un prominente hueso que tengo en el empeine.

Espero corregir mi rumbo y ser perdonado por Dios, y poder ver de nuevo a familiares queridos que ya han fallecido.

Espero que mis hijos, mi esposa, familiares y seres queridos sean felices. Y mis no tan amigos también. Que todos aprendamos y dejemos de ser ovejas perdidas.

Mi hijo hizo un diplomado en estudios bíblicos, antes de irse a estudiar a Monterrey, y ahora mi hija está haciendo ese mismo diplomado. Ambos me ponen el ejemplo.

Demasiadas palabras, lo siento.

Quisiera ver de nuevo la "Luz".

Otra vez,

Amén.

www.ingramcontent.com/pod-product-compliance
Lightning Source LLC
Chambersburg PA
CBHW071644170726
48000CB00024B/2745